> 멀리멀리 날아가는
> 내 하얀 씨를 보고
> 낙하산을 만든 거야.

글 강은경

충남 태안의 바닷가 마을에서 태어나
동덕여자대학교에서 아동학을 공부했습니다.
오랫동안 출판사에서 어린이책을 만들었으며,
지금은 어린이를 위한 책을 기획하고
글을 쓰는 일을 하고 있습니다. 그동안 <비행기>,
<안전하고 편리한 차>, <추석>, <사계절 자연놀이> 등
어린이들을 위한 글을 썼습니다.

그림 박재현

대학교에서 시각 디자인을 공부하고 그래픽 디자이너로
활동했으며 다양한 기법으로 어린이책에 그림을 그립니다.
그림을 그린 책으로는 <세상에서 가장 힘이 센 말>,
<투발루에게 수영을 가르칠 걸 그랬어!>, <살려 줘!>,
<나는 늑대예요> 등이 있습니다.

감수 이상혁

인하대학교 조선공학과를 졸업하고 인하대학교에서
공학 박사 학위를 받았습니다.
현재는 한국교원대학교 기술교육과 교수로 있습니다.
그동안 저술한 책으로는 <알기 쉬운 첨단산업기술>,
<중학교 기술·가정 교과서> 등 30여 권이 있습니다.

기계와 도구·자연의 발명품 24 자연을 보고 만들었어

강은경 글 · 박재현 그림 · 이상혁 감수
펴낸곳 (주)아람키즈 | 펴낸이 이소영 | 주소 서울특별시 성동구 성수이로 147, 아이에스비즈타워 2F
고객센터 1644-4521 | 팩스 02-468-5548 | 홈페이지 www.aramkids.co.kr | 출판등록 제2020-000011호
기획 · 편집 · 디자인 (주)아람키즈 하늘땅
ISBN 979-11-6543-533-2 979-11-6543-574-5(세트)

© (주)아람키즈
이 책은 저작권법에 따라 보호를 받는 저작물이므로 무단전재와 무단복제를 금합니다.
이 책 내용의 전부 또는 일부를 이용하려면 저작권자의 서면 동의를 받아야 합니다.

- 눈을 편안하게 해 주는 친환경 식물성 원료인 콩기름 잉크로 인쇄하였습니다.
- ⚠ 책 모서리가 날카로워 다칠 수 있으니 사람을 향해 던지거나 떨어뜨리지 마십시오.
- ⚠ 종이에 베이거나 긁힐 수 있으므로 주의해 주십시오.

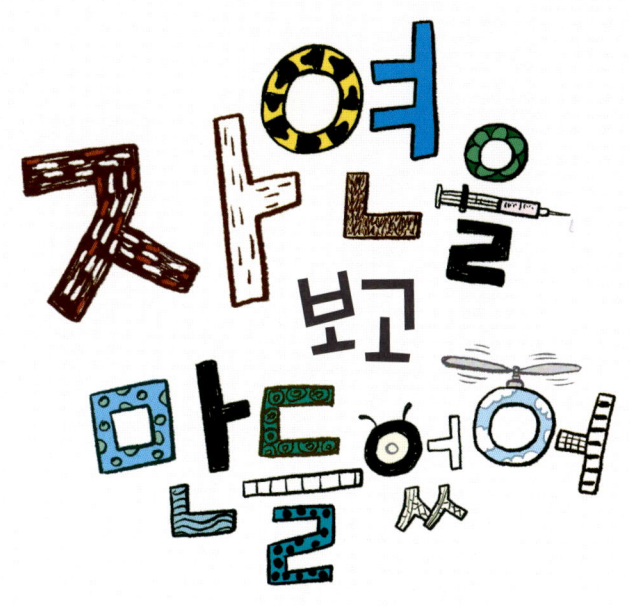

자연을 보고 만들었어

강은경 글 · 박재현 그림 · 이상혁 감수

아람키즈

우리 주변을 잘 살펴봐.
연필, 가위, 칼 같은 수많은 물건이 있어.
우리가 편리한 생활을 할 수 있도록 돕는 도구*들이야.
이 편리한 도구 중에는 자연을 보고 만든 **발명품***들이 있어.

꾸욱 누르면 척 붙어.
비누와 양치 컵 받침을 붙여 놓는
편리한 흡착판은
무얼 보고 만들었을까?

나야, 나. 문어!
내 다리에 있는 빨판을 보고 만들었어.
빨판 덕분에 어디든 달라붙을 수 있지.
미끌미끌 바위에도 착 붙고,
먹이도 꽉 잡을 수 있어.

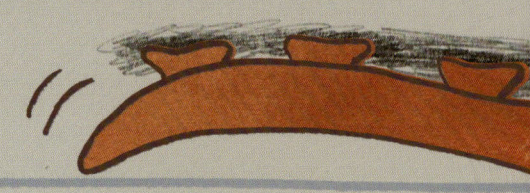

붙였다 떼었다 붙였다 떼었다 할 수 있어.
운동화의 편리한 **벨크로**[*]는
무얼 보고 만들었을까?

도꼬마리 열매처럼 수리취 열매, 도깨비바늘 씨앗 등도 가시가 나 있어서 물체나 동물의 몸에 찰싹 달라붙어 씨를 퍼뜨려요.

나야, 나. 도꼬마리!
갈고리* 모양의 가시가 가득한
내 열매를 보고 만들었어.
열매에 난 수많은 가시 덕분에
동물의 몸에 달라붙어서 씨를 퍼뜨리지.

우아, 쫙 펴지면서 우산 모양으로 변해!
하늘에서 안전하게 내려오도록
도와주는 낙하산은
무얼 보고 만들었을까?

나야, 나. 민들레!
후후 불면 날아가는
내 하얀 씨를 보고 만들었어.
씨는 멀리멀리 날아가
새로운 곳에서 민들레꽃을 피우지.

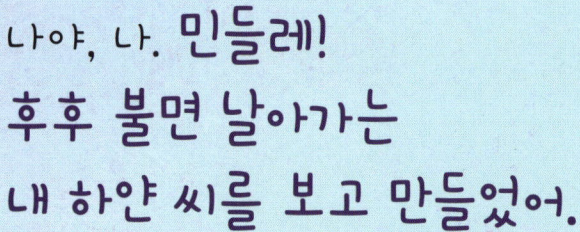

콕 찔러 따끔, 몸속에 약을 쑥 넣어.
주사기의 뾰족한 바늘은
무얼 보고 만들었을까?

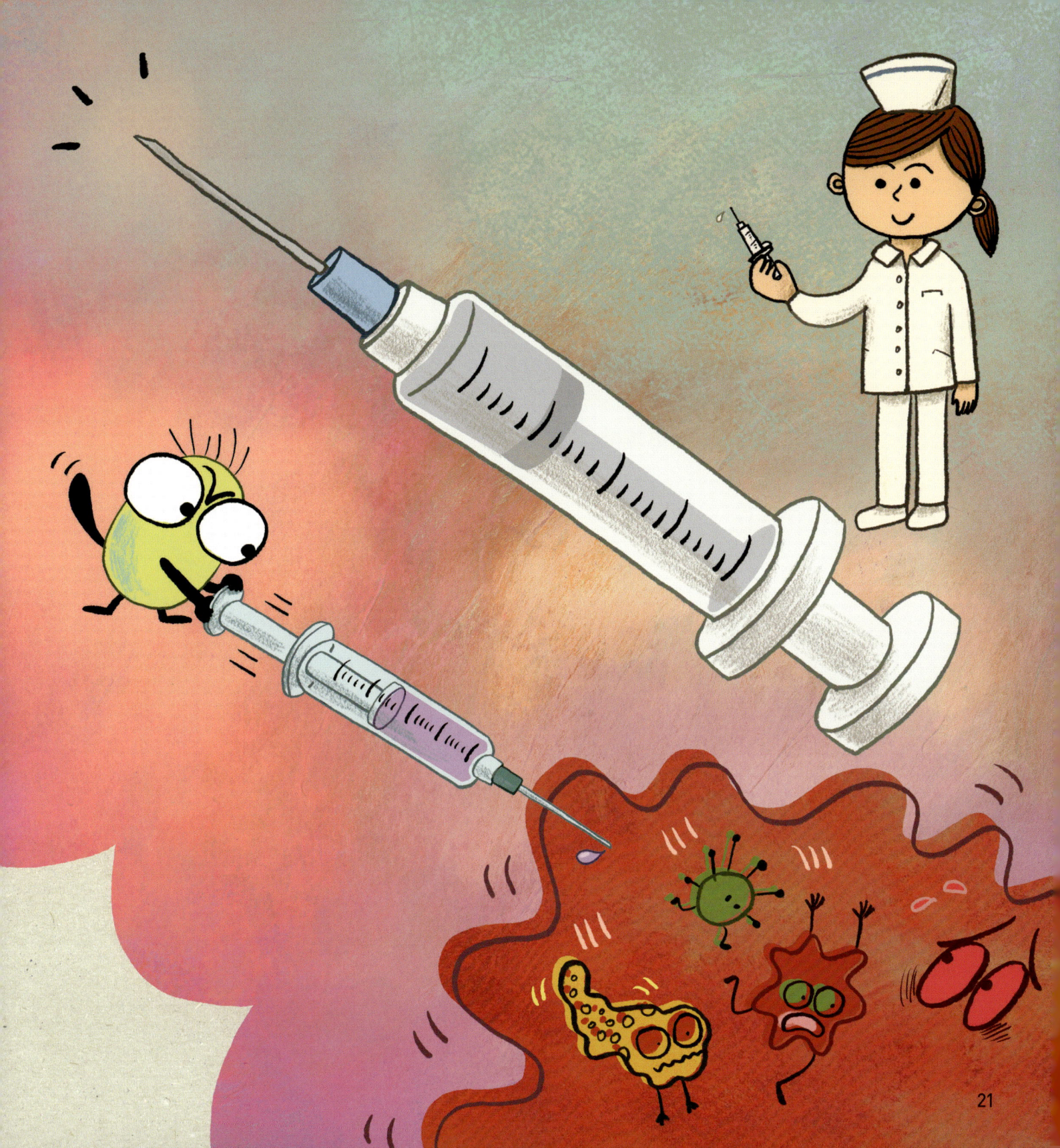

나야, 나. **말벌!**
내 뾰족한 침을 보고 만들었어.
누가 나를 공격하면 내 뾰족한 침으로 상대의 몸을 찔러.
그 침을 통해서 상대의 몸에 독을 넣지.

빙글빙글 윙윙! 빙글빙글 윙윙!
헬리콥터*의 프로펠러*는
무얼 보고 만들었을까?

나야, 나. 잠자리!
내 날개를 보고 만들었지.
나는 날개를 위아래로만 움직이는 게 아니라
둥글게 돌리듯 움직이며 하늘을 날지.

어때, 자연을 보고 만든 발명품들이 정말 많지?

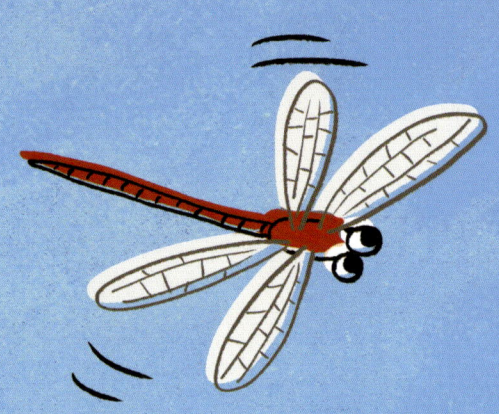

자연을 보고 만든 발명품들

사람들은 오랫동안 자연을 지켜보며 자연의 모양과 원리를 이용한 여러 가지 발명품을 만들었어요. 기발하고 똑똑한 발명품들에 대해서 알아보아요.

연잎 효과를 이용했다고?

연잎은 물에 젖지 않고, 물에 닿아도 물방울이 되어 또르르 흘러내려요. 연잎에 미세한 돌기들이 나 있기 때문이지요. 이 돌기에 물을 떨어뜨리면 퍼지지 않고 방울 형태로 맺히게 되는데, 이것을 연잎 효과라고 해요. 과학자들은 오래전부터 연잎 효과를 응용하여 물에 젖지 않는 방수 페인트나 방수 화장품 등을 개발했어요.

물총새 부리를 닮았다고?

물총새는 날렵한 머리와 뾰족하고 길쭉한 부리를 이용하여 물을 튀기지 않고 조용히 물속으로 들어가 물고기를 잡아먹어요. 일본의 기술자들이 이것을 보고 신칸센 열차의 앞머리를 물총새의 부리 모양처럼 만들었어요. 그래서 신칸센 열차는 아주 조용하게 달릴 수 있게 되었지요.

상어 지느러미 비늘의 모양과 원리를 이용했다고?

상어 지느러미 비늘은 매끄러울 것 같아 보이지만 현미경으로 확대해 보면 미세한 돌기들이 나 있어요. 이 미세한 돌기들은 아주 작아서 보이지 않지만 손으로 비늘을 만져 보면 까끌까끌해요. 이 미세한 돌기들이 물의 저항을 줄여 주어서 상어는 물속에서 엄청 빠르게 헤엄칠 수 있지요. 과학자들이 전신 수영복을 상어 지느러미 비늘처럼 거칠게 만들어 보았는데, 이 울퉁불퉁한 전신 수영복을 입고 수영을 하면 물의 저항을 줄여 주어서 빨리 헤엄칠 수 있었어요. 공기의 저항을 줄이고 연료를 절약하기 위해 상어 비늘 페인트를 개발하여 비행기에 발라서 사용하기도 하지요.

도마뱀붙이가 천장이나 벽에 달라붙어 다니는 모습을 보고, 도마뱀붙이의 발가락을 본떠 새로운 접착제를 만들었다고 해. 자연은 정말 위대하지?

 **신나는 과학놀이**

문제 다음 중 문어의 **빨판을 본떠서 만든 것**은 무엇일까요?

 ① 낙하산
 ② 벨크로
 ③ 흡착판
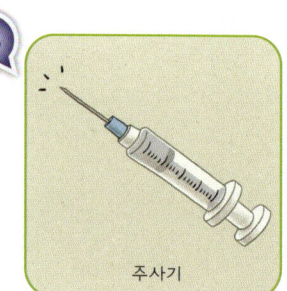 ④ 주사기

정답은? ① ② ③ ④

문제 다음 중 **잘못된 말**을 고르세요.

① 나를 보고 만든 것은 비행기야.  민들레씨

② 나를 보고 만든 것은 벨크로야.  도꼬마리 열매

③ 나를 보고 만든 것은 주삿바늘이야.  말벌

④ 나를 보고 만든 것은 헬리콥터의 프로펠러야.  잠자리

정답은? ① ② ③ ④

정답: 3, 1